BANQUE HYPOTHÉCAIRE

Au moment où tous les regards sont tournés vers les rives de la Californie et que l'or va pleuvoir comme autrefois la manne aux Hébreux, beaucoup de gens, qui ont lu ce bonnet de nuit nommé *le Constitutionnel*, diront : Encore un fou ou un communiste qui vient nous parler monnaie et assignats. A entendre ce bon vieux dont je viens de parler, tous ceux qui cherchent à améliorer le sort du cultivateur et du travailleur sont des communistes, comme si le penseur s'occupant de l'accroissement des moyens d'échange pouvait avoir quelque chose de commun avec une secte qui ne reconnaît aucune propriété.

Supposant que l'or californien ne soit pas un *canard*, comme il y a quelques années MM. les Américains firent découvrir à Herschell des moutons dans la lune, quel bien résultera-t-il pour la société de la découverte de tant d'or? La dépréciation de ce métal. Car l'or, malgré sa supériorité métallique, ne pourrait même pas remplacer l'acier. A quoi pourrait donc servir l'or? à faire des couverts et des vases? C'est alors qu'on ne devrait plus appliquer ce vieil adage, lorsqu'on parle d'un homme qui n'est pas économe : « Ce n'est pas prêt qu'il pisse dans un pot d'or ; » tout le monde, après cette découverte, pourra y pisser. L'or, comme le diamant, n'a de valeur que parce qu'ils est rare, et de la grande abondance s'ensuivra une grande dépréciation ; car (toujours en raisonnant dans l'hypothèse que l'or va arriver en Europe) celui qui, aujourd'hui, emprunterait 100 grammes d'or, en rendant le même poids dans dix ans, ferait perdre beaucoup à celui qui lui aurait prêté ; tandis que le papier-monnaie ne pourra jamais perdre de sa valeur, étant créé ainsi que je l'indique ; car les coupons ne sont que la représentation d'une partie de ma propriété. La terre ne peut perdre de son utilité, on aura toujours besoin de pain ; l'avare, comme le gros capitaliste, peut mourir de faim près

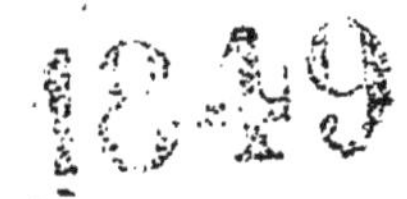

de son or, et jamais on ne mourra de faim près d'un hectolitre de froment.

Du papier-monnaie, me diront beaucoup de citoyens, mais nous l'avons déjà vu deux fois en France. Sous Louis XV, le système de Law, ses actions hypothéquées sur le Missisipi, ou plutôt sur les brouillards de la mer, papier auquel on avait tant de confiance, parce qu'il ne valait rien, qu'on vit une grande dame de l'époque faire verser sa voiture à la porte du célèbre financier et se casser un bras pour pouvoir parvenir jusqu'à lui, afin d'échanger ses belles propriétés contre du papier ne représentant que le rêve d'un Ecossais.

La deuxième fois, ce fut sous Louis XVI qu'on créa les assignats, papier diversement jugé, qui eut les plus funestes résultats, parce qu'on en créa chaque jour ; là, il ne s'agissait que d'imprimer du papier, et tout était dit. J'ai connu une personne très pauvre m'assurer qu'elle avait été ruinée par les assignats, qui lui avaient fait perdre 3,600 fr. Je lui demandai d'où lui provenait cette somme ; elle me répondit : de deux poules qu'elle avait vendues ! Pour être plus juste, n'aurait-elle pas dû me dire qu'elle y avait perdu deux poules ?

Mais ce que je viens proposer n'a aucun des inconvéniens de ces deux systèmes, car le papier que je propose repose sur une base solide : c'est la propriété individuelle capitalisée, et l'Etat n'intervenant que comme garant du contrat et comme vérificateur de la régularité des opérations. Avant de juger mon système, je ne peux trop recommander la plus scrupuleuse attention. Je pense avoir résolu le problème, mais je prie mes concitoyens, que mes quelques observations auraient aidés à trouver une meilleure solution à la crise actuelle, de la propager ; ils auront rendu un grand service à leur pays.

Surpris de la crise monétaire et des incalculables malheurs qu'elle entraînait à sa suite, je vis arriver avec un indicible plaisir à la chambre des représentans la proposition d'un papier-monnaie hypothécaire ; je ne fus pas étonné de voir M. Thiers la combattre, habitué que j'étais, moi républicain de la veille, à mettre M. Thiers bien au-dessous du M. Guizot, lorsqu'il s'agissait du bonheur de la France. J'avouerai cependant que je fus frappé de la justesse de quelques observations de M. Thiers, et entre autres de celle-ci : « Lorsque vous aurez émis pour quelques milliards de papier-monnaie, comment les retirerez-vous de la circulation, si vous avez besoin de le faire ? — Par l'amortissement, lui répondit-on. — Mais depuis trente ans nous avons une caisse d'amortissement, elle n'a jamais rien amorti. »

On aurait pu répondre avec beaucoup d'à-propos que, tandis qu'on aurait des ministres malhonnêtes et qui emploieraient les fonds de la caisse d'amortissement à d'autres services qu'à leur destination, il en serait toujours de même ; mais comme je vois et crois que, sous la république comme sous la monarchie, il y aura toujours des ministres desquels on devra se méfier, il s'agissait de faire voir que, malgré le mauvais vouloir de n'importe quel gouvernement, le remboursement aurait lieu par lui-même, et sans qu'on puisse même l'empêcher.

C'est ce système que j'explique dans ces quelques lignes, système si simple, que l'homme le moins au fait de la comptabilité le comprendra. Je sais que les grands capitalistes le combattront, parce qu'il ne pourra jamais faire leurs affaires.

Avec mon système, l'usurier est tué, la propriété est sauvée ; le crédit ne sera plus à la merci du capitaliste ; le plus petit propriétaire sera toujours certain de pouvoir payer ses engagemens, il pourra faire faire les améliorations à sa terre sans avoir recours à l'emprunt usuraire ; la commune pourra trouver les fonds nécessaires pour ses travaux d'utilité publique, et donner de l'ouvrage aux malheureux, les jours de chômage, qui, une fois mon système mis en pratique, deviendront bien rares.

L'argent n'a d'utilité dans le commerce que comme représentation de la valeur échangée ; on ne mange pas l'argent, mais ce qu'on a échangé contre l'argent. Si donc je vous donne une valeur aussi réelle que l'argent en échange du sac de froment que je vous achète, qu'est-ce que cela peut vous faire, puisque chacun vous la prendra ? Il s'agit donc seulement de vous prouver que la valeur que je vous présente est réellement aussi bonne, pour ne pas dire meilleure, que l'or, et c'est ce que je n'aurai pas de mal à vous démontrer. Il n'y aura que les intéressés au *statu quo* qui ne voudront pas se rendre à mes observations.

Avant de vous donner l'explication du papier que je vous propose, permettez-moi, lecteur, de vous conter plusieurs exemples d'usure et d'emprunt qui se voient chaque jour. Je ne vous citerai que des faits très ordinaires ; car si je mettais sous vos yeux tous les faits que j'ai vus, vous ne pourriez y croire, surtout de la part de ces gens qui, sous prétexte de vous obliger et de vous tirer des mains des usuriers, ne prêtent que par contrat à droit réméré, vampire de la société, n'abandonnant leur proie que quand elle a rendu le dernier soupir. Lorsque le papier hypothécaire sera établi, la société sera sauvée du plus grand des fléaux : l'*usure*.

Paul arrive de faire son tour de France, il a appris le métier de cordonnier ; il voudrait bien s'établir ; il lui faudrait une couple de mille francs ; il possède une maison et un jardin que lui ont laissés ses parens, valant 4,000 fr. ; il voudrait bien ne pas vendre : il s'établirait dans sa maison ; il croit qu'on aura beaucoup plus de confiance en lui, le sachant propriétaire de sa maison. Pour la conserver, il faut qu'il emprunte, ce qui lui est assez difficile, lui pauvre diable qui ne connaît pas les capitalistes. Il ira trouver l'homme d'affaires du pays ; car, dans chaque village, il y a un homme d'affaires qui n'a jamais pu faire les siennes et qui prétend faire celles des autres. Le type de l'homme d'affaires est de se croire important. « Mon cher ami, répondra-t-il à Paul, j'ai beaucoup de monde qui me font la même demande que vous ; mais je vous estime fort ; je vois que vous êtes un jeune homme qui voulez faire votre chemin. Mardi prochain, nous irons ensemble au marché d'Harcourt-Thury. Là, je vous ferai trouver avec maître Thomas, un richard de mes amis. Nous déjeûnerons ensemble ; il pourra vous prêter cette somme. » Paul invite son homme d'affaires à dîner. Le mardi on se trouve à Harcourt ; mais, par fatalité, maître Thomas n'y est pas ce jour. On n'en dîne pas moins ; on va au café : il faut que Paul soit généreux avec son agent ; on dépense 5 fr. ; on se donne rendez-vous pour le mardi suivant ; on rencontre maître Thomas, on déjeûne ensemble, on prend le café ; mais maître Thomas n'a pas été prévenu, il ne peut rendre réponse aujourd'hui : il ne fait rien sans consulter sa femme. Le mardi suivant on se trouvera, et il rendra réponse. On fait toujours de la dépense qu'il faut que Paul paye. La huitaine suivante, maître Thomas sera là avec sa dame ; on déjeûnera, on prendra le café, toujours à même Paul. On veut bien lui prêter, mais on ne peut réunir que 1,000 fr. pour le moment ; mais maître Thomas a un ami, maître François, qui pourra faire le reste. On le verra le mardi suivant ; maître Thomas lui écrira de se trouver à Harcourt. Encore rendez-vous à la huitaine. On trouve maître François ; mais il était comme maître Thomas, il n'avait pas été prévenu que c'était pour prêter.—Il a bien des fonds à recevoir, et dans la quinzaine il rendra réponse. Donc, rendez-vous général pour la quinzaine, bien heureux pour Paul si tout son monde s'y trouve. Maître François a reçu ; mais il ne peut prêter les mille francs que pour un an. L'agent d'affaires engage Paul à les prendre également, parce qu'il a un ami qui dans un an pourra remplacer ce prêt. Maître François ne veut pas que son acte soit passé à Harcourt, mais à Aulnay, chez le notaire qui fait tous ses actes. —Rendez-vous est pris pour passer l'acte de maître Thomas, vendredi, chez Me Robillard, notaire, et samedi, avec maître François, chez Me Monsaint, notaire à Aulnay. Mais comme de chez Paul il y a cinq lieues pour aller à Aulnay, il faudra qu'il loue une voiture, — car l'agent d'affaires ne quitte pas Paul. — Paul dépensera, tant en location de voiture et cheval qu'en frais d'auberge et café, quinze francs.

Enfin Paul a les deux mille francs dont il avait besoin ; mais il n'a pas compté sa dépense. Je vais faire son compte.

12 jours perdus à trotter, au lieu de gagner 2 francs par jour	24 fr.
Paul a dépensé le moins 5 fr. par sortie et 10 fr. de cheval	70
L'agent d'affaires en voisin prendra deux paires de bottes et dînera chaque semaine chez Paul, dépenses.	36
Le coût des deux actes honoraires, mise aux hypothèques, 60 francs	120
Paul a emprunté à 6 pour 100.	120
	370

Les 2,000 fr. empruntés par Paul lui coûteront donc 18 fr. 50 c. du cent et sans avoir eu recours à l'usure et encore s'il n'avance pas l'intérêt, il aura 250 fr. de frais qu'il faudra qu'il paye avant d'avoir reçu.

Au bout de six mois, l'agent d'affaires avertira Paul que dans six mois il aura 1,000 fr. à payer à maître François ; qu'il faut se précautionner d'avance, car l'argent est rare ; que l'ami dont il lui avait parlé, étant en mauvaises affaires, ne peut prêter. Paul, qui suit de point en point les avis de son agent, recommence le même tripotage que la première fois, enfin il a les 1,000 fr., mais le nouveau porteur sait que c'est pour rendre à un premier porteur ; il ne prête plus aux mêmes conditions, il prend 8 pour 100 ; un nouvel acte à faire ; l'année suivante, il faut recommencer pour maître Thomas. Paul emprunte à usure, il a pris l'habitude d'aller chaque mardi à Harcourt ; il néglige ses affaires, il n'a plus la tête qu'aux emprunts ; au bout de dix ans, on vend sa maison par expropriation. Il se trouve dehors, sans le sou, sans crédit, avec plusieurs enfans et une femme sur les bras ; et Paul, qui aurait été un homme aisé s'il y avait eu une Banque hypothécaire, cherchera sa vie lorsqu'il sera vieux.

Nicolas a un fort bel herbage contenant 20 hectares, mais c'est toute sa fortune. Chaque année il engraisse 100 bœufs qui lui rapportent 5,000 f. Comme il n'a pas de fonds, il prend chaque année, chez le banquier, 20,000 fr. qu'il rend au bout de 8 mois ; le banquier ne lui en prend pas moins 6 pour 100 d'intérêt, parce qu'il ne peut placer son argent pour 4 mois. Nicolas, pour se conserver du crédit chez M. Tardif, a remis, en plus de la somme empruntée, 5,000 fr. qui lui rapportent 66 fr. 66 c. à 4 pour 100 par an. Nicolas a un paiement de 6,000 fr. à faire dans un an ; il a 5,000 fr. chez son banquier, avec ce qu'il espère gagner sur ses bœufs, la saison prochaine, il ne sera pas gêné pour payer cette obligation. Il souscrit une lettre de change. Le mois d'avril arrive, Nicolas se rend chez son banquier. Quelle affreuse nouvelle ! M. Tardif a suspendu ses paiemens. Comment se procurer les fonds nécessaires pour couvrir son herbage, le pays est dans la consternation, on ne trouve pas à emprunter, les banques sont fermées ? Nicolas perd 5,000 fr. ; mais ce qui est bien pis, c'est que son herbe est perdue ; il ne trouve même pas à louer. L'échéance de la lettre de change arrive, on le poursuit, le porteur a besoin lui-même et ne peut attendre ; Nicolas, qui ne peut trouver d'argent, est mis en prison pour dettes. — Enfin, pour se tirer de prison, il consent une hypothèque usuraire, son crédit est perdu, il est obligé de louer son herbage, et pas toute sa valeur. — Il a 15,000 fr. de dettes, il est sans cesse tourmenté, lui qui était si heureux, il a bien du mal à élever sa famille, il avait contracté l'habitude de bien vivre, et en cela il avait raison puisqu'il le pouvait, mais sa position n'est plus la même. Nicolas mourra dix ans plus tôt et avec des dettes, et ce, parce que

M. son banquier, se croyant riche, a laissé la gérance de sa maison de banque à ses employés.

Charles a un terrain assez considérable, mais il n'a pas les capitaux nécessaires pour y faire les améliorations indispensables à sa culture. — Il craint d'emprunter à usure, parce que son père lui a toujours dit qu'il fallait mieux manger du pain noir que d'avoir affaire aux usuriers, qui font toujours blanchir les cheveux avant d'avoir fait blanchir le pain. Sa propriété vaudrait 40,000 fr., s'il pouvait y faire pour 10,000 fr, de frais; mais il a bien du mal, en la laissant comme elle est, à lui faire rapporter de quoi nourrir sa famille. Si la Banque hypothécaire existait, Charles serait très aisé, et il aurait répandu l'aisance dans la contrée, car il aurait donné pour 10,000 fr. d'ouvrage.

M. Spol a une fortune de quinze mille francs de rente; mais il a une très vilaine habitation. Si la Banque hypothécaire existait, il ferait construire un petit château lui coûtant soixante mille francs. Mais avec son train de maison, il dépense douze mille francs par an; il ne peut donc mettre que trois mille francs de côté chaque année. Dans vingt ans il fera construire son château; mais il aura été mal logé pendant vingt ans. S'il n'est pas mort, M. Spol n'aura plus les mêmes goûts, il n'aura plus la volonté, et le château restera à faire. S'il se fait, M. Spol aura vingt ans moins de satisfaction; mais je crains beaucoup que ce ne soit soixante mille francs de travail à faire, qui ne sera pas fait, qui aurait enrichi ou mis à leur aise entrepreneurs et ouvriers.

M. Clément est un riche négociant du Havre; il s'est lancé dans les grandes spéculations, il a deux navires sur mer; en outre, il a une fortune immobilière valant quatre cent mille francs. Tout va à souhait pour lui. Mais il reçoit un matin, par le paquebot américain, la fâcheuse nouvelle que son correspondant de New-York a manqué: il perd deux cent mille francs. Sa fortune immobilière vaut le double: mais les traites vont lui arriver avant qu'il ait pu réaliser le numéraire nécessaire pour y faire face; une traite est retournée avec protêt sur M. Clément: crédit perdu; il faut liquider. Quand il aura encore le hasard de n'être pas mis en faillite, — M. Clément, qui jusque-là avait eu un nom intact dans le commerce, se retirera des affaires flétri. Si le crédit eût été mieux établi, M. Clément aurait perdu deux cent mille francs, et deux ans après il n'y aurait plus paru.

Combien de trop terribles exemples ne pourrais-je pas vous citer ! C'est à ceux qui me comprendront que je m'adresse. Que chacun le fasse comprendre à son voisin, à son ami, et lorsqu'ils l'auront compris, qu'ils envoient à l'Assemblée législative des hommes qui le proposeront, qui le feront accepter, et la société sera sauvée.

Autrefois je m'occupais spécialement de la forme de gouvernement. J'ai reconnu que pour tout homme sage le moment était venu de s'occuper de l'organisation immédiate du crédit.

Je vois chaque jour les meilleurs républicains déserter notre drapeau en disant : Sous la monarchie, nous vivions ; aujourd'hui, nous mourons de faim ! — Insensés qui voient l'effet sans voir la cause, qui ne voient pas que les ennemis de la République font tout ce qu'ils peuvent pour abattre le crédit ; et ce dans leur propre intérêt, car, avec la crise actuelle, les capitalistes espèrent que la propriété sera expropriée, et qu'ils pourront en devenir adjudicataires à 50 pour 100 de la valeur réelle. Mais c'est aux citoyens habitués aux luttes politiques à réfléchir qu'il faut d'abord faire tous ses efforts pour amener le bonheur matériel.

Un père de famille n'est bon citoyen qu'en faisant tous ses efforts pour élever sa famille ; pour qu'il aime la République, il faut donc que sous la République il puisse donner à manger à ses enfans.

Si mes concitoyens me faisaient l'honneur de m'appeler à la représentation, mon unique occupation serait les questions financières. Quant aux questions politiques, tous ceux qui me connaissent savent bien que *mon cœur bat à gauche.*

Est-il possible que nous restions plus long-temps dans la situation précaire où nous sommes ? celui qui possède est l'ennemi de la démocratie, il fait tous ses efforts pour la renverser, il garde son argent afin de tuer la République. Fasse le ciel qu'il ne joue pas un jeu qui lui fasse perdre beaucoup plus qu'il ne le suppose. Il y a deux ans, quand on parlait république, les femmes et les peureux nous disaient : *C'est la guillotine permanente.* Voyant que ce Croquemitaine des grands enfans n'avait même pas donné signe de vie, et ne pouvait plus faire peur, on a inventé la loi agraire. J'espère bien que d'ici peu la plupart des Français verront que ce n'est qu'un véritable Croquemitaine nouveau qui est créé pour faire peur aux propriétaires et aux capitalistes. Car Proudhon, qui ne prêche pas encore la loi agraire, n'a trouvé que Greppo pour soutenir sa thèse. Mais avec tout cela, la misère augmente, les dettes s'accumulent, et comment sortirons-nous de la position où nous sommes, si nous ne créons pas un papier hypothécaire : je ne vois que la banqueroute.

M. Thiers, qui aime tant à citer les lois anglaises, aurait bien dû nous dire aussi que tout le commerce s'y fait avec du papier-monnaie, et qu'il en est de même en Amérique, et cependant leur papier est bien loin d'être garanti comme celui dont je propose la création. Mais M. Thiers n'aime de l'Angleterre que ce qui est aristocratie, et je suis très étonné que le célèbre élève de l'ex-évêque d'Autun n'y soit déjà pas naturalisé...

Beaucoup de citoyens m'ont objecté que les habitans des campagnes n'auraient jamais confiance dans le papier-monnaie, croyant toujours que ce sont des assignats; le cultivateur, d'habitude, je le sais, est très méfiant; mais il sait ce que c'est qu'une hypothèque; et lorsqu'il aura la certitude que ce sont bien des valeurs garanties sur la propriété qu'on lui remet, et qu'il les donnera au percepteur qui les recevra comme des pièces de cinq francs, il les préfèrera même à la monnaie.

Les paysans ne comprennent rien, disent messieurs les citadins ; — ils se trompent. Les paysans ont souvent plus de bon sens que beaucoup de hauts et puissans messieurs hantant les salons de nos prétendus princes; mais ceux qui, la plupart du temps, combattront ma proposition, n'oseront dire ouvertement le pourquoi ; mais ils diront : Jamais vous ne ferez comprendre cela au peuple. Parbleu ! si tout le monde comprenait, comme vous et comme moi, votre doctrine, rien ne serait si beau. Mais le peuple est une machine qui ne comprend rien. A entendre une partie de ces esprits forts parlant du peuple, il semblerait qu'ils sont venus d'une autre côte d'Adam.

Ce que souvent ils n'osent pas dire, c'est que l'usure qu'ils font ne se pourrait plus faire : le capitaliste serait obligé de se mettre industriel ou de protéger les industriels ; car il ne pourrait plus prêter à usure, et, voyant qu'on peut se passer de son or, il s'empresserait bien vite de l'offrir, et le jour où le papier-monnaie que je propose sera accepté, on verra renaître les affaires comme par enchantement. Si sans cela le commerce renaît, ce sera pour tomber encore plus bas dans dix ans, et chaque période de dix ans.

Je sais que la classe contre laquelle s'est faite la révolution de février, cette classe à laquelle M. Guizot avait dit : — *Enrichissez-vous*, — en réponse à M. Dupin aîné, qui avait commencé par dire : *Chacun pour soi, chacun chez soi*, oh ! cette classe va crier au vol, à la spoliation. Mais aujourd'hui que cette caste veut nous faire mourir de faim, il faut lorsque nous pouvons nous passer d'elle que nous lui tendions la gorge ! Peuple, n'attends jamais rien de bon des égoïstes. Si aujourd'hui ils te tendent la main, c'est qu'ils ont besoin de toi ; ils te flattent, c'est pour tâcher de te lier les pouces. Oh ! lorsqu'ils auront pris la force qu'ils cherchent, tu reconnaîtras tes anciens maîtres. Mais non, citoyens, il n'en sera pas ainsi ; vous saurez comprendre vos véritables intérêts.

Que le système que je propose soit adopté, d'ici à trente ans, la France n'aura plus un sou de dette publique. C'est alors que l'on pourra entreprendre ces travaux gigantesques qui font la gloire d'une nation devant la postérité, — et le bonheur de la génération qui les fait exécuter. — Que le système que je propose soit repoussé, la France n'aura bientôt à sa tête que des hommes d'argent ; et la pire des aristocraties, celle de la sacoche, remplacera celle qui, du moins, avait quelque gloire dans ses blasons.

Jules JOUANNE,
Ancien condamné politique.

Roucamps (Calvados), avril 1849.

Base de la Banque hypothécaire.

ARTICLE 1er. Il sera créé en France une Banque hypothécaire recevant en garantie toutes les propriétés immobilières, et remettant au propriétaire demandeur jusqu'à concurrence de *la moitié* de la valeur réelle de la propriété, non hypothéquée, des coupons de 20 francs, 100 et 500 fr., ayant cours forcé sur tout le territoire de la République. Ces billets seront détachés d'un livre-souche ; sur la souche sera inscrite la dette du demandeur, au bas de laquelle il signera. Ces billets auront la même valeur que l'argent monnayé et seront reçus comme les espèces métalliques, nonobstant toutes conventions contraires.

ART. 2. L'emprunteur s'obligera à payer au gouvernement chaque année, au 1er décembre, 5 pour 100 de la somme empruntée, dont 3 pour 100 de la somme due, déduction faite chaque année de l'amortissement, ces 3 pour 100 seront destinés au remboursement de la dette publique, le surplus sera appliqué à la destruction du papier monétaire, ainsi qu'il est tracé au tableau ci-contre.

ART. 3. La demande d'emprunt devra toujours être accompagnée du titre de propriété, du relevé de la matrice cadastrale et du certificat du bureau des hypothèques. Le directeur de la Banque départementale fera faire les estimations par les agens nommés à cet effet par le conseil général. Le conseil de banque délibérera sur la valeur qu'il peut donner sur la propriété présentée en garantie. Comme la Banque hypothécaire est fondée dans le but de favoriser le pauvre comme le riche, tout citoyen pourra emprunter sur sa propriété, pourvu qu'elle soit d'une valeur réelle de 200 francs.

TABLEAU DES INTÉRÊTS.

Année.	Emprunt.		Intérêt au gouvernement.		A la destruction du papier.	
1re	1,000	»»	30	»»	20	»»
2e	980	»»	29	40	20	60
3e	959	40	28	78	21	22
4e	938	18	28	15	21	85
5e	916	33	27	49	22	51
6e	893	82	26	82	23	18
7e	870	64	26	12	23	88
8e	846	76	25	40	24	60
9e	822	16	24	67	25	33
10e	796	83	23	91	26	09
11e	770	74	23	12	26	88
12e	743	86	22	32	27	68
13e	716	18	21	49	28	51
14e	687	67	20	63	29	37
15e	658	30	19	75	30	25
16e	628	05	18	84	31	16
17e	596	89	17	91	32	09
18e	564	80	16	95	33	05
19e	531	75	15	95	34	05
20e	497	70	14	93	35	07
21e	462	63	13	88	36	12
22e	426	51	12	80	37	20
23e	389	31	11	68	38	32
24e	350	99	10	53	39	47
25e	311	55	9	35	40	65
26e	270	87	8	13	41	87
27e	229	»»	6	87	43	13
28e	185	87	5	58	44	62
29e	141	25	4	24	45	76
30e	95	49	2	87	47	13
31e	48	36	1	45	48	36
			550	01	1,000	»»

Comme on le voit par le tableau ci-dessus, c'est la déprogression de l'intérêt au profit de l'emprunteur. Le papier étant détruit au fur à et mesure du remboursement par les intérêts, la 31e année, il n'y aurait plus en circulation un seul papier de l'année de la création. De cette manière, le porteur du papier ne pourrait jamais craindre la faillite, car plus le papier serait vieux, plus il aurait de garantie. Dans une révolution, une banque renfermant beaucoup de numéraire peut être pillée, tandis qu'il ne sera pas facile de mettre une pièce de terre dans sa poche. Je ne peux penser qu'il puisse venir à l'idée d'un citoyen, qu'avec ce mode il y ait crainte de perdre.

—

ART. 4. Chaque emprunteur aura le droit de se libérer de tout ou partie et à sa volonté, mais toute fraction d'année, même un jour, sera compté pour un an d'intérêt. En acquittant son compte, l'emprunteur aura le droit d'exiger que sa signature soit biffée du livre-souche ; l'hypothèque sera levée aux frais de l'emprunteur, lorsqu'il s'acquittera avant l'époque des 31 ans. Passé ce temps, l'hypothèque sera levée de plein droit.

—

ART. 5. La commune en assemblée générale, et la moitié au moins des électeurs présens à la majorité des deux tiers d s voix des citoyens votans, pourra contracter un emprunt pour travaux d'utilité publique, qui ne pourra pas excéder quinze pour cent de la contribution directe. La première année de l'emprunt, la commune paiera cinq pour cent au gouvernement. Les autres années elle ne paiera qu'à l'anéantissement du papier, cinq pour cent, de sorte qu'en 21 ans la commune soit quitte ; l'emprunt ne pourra être fait qu'après homologation du préfet.

—

ART. 6. La Banque hypothécaire, en cas de non paiement des intérêts et après avoir agi par les voies ordinaires, comme en matière de contributions, contre le mobilier, après trois sommations de mois en mois, pourra s'emparer de la gérance de la propriété jusqu'à fin de paiement des intérêts, et dans ce cas extrême, elle devra agir de manière à sauvegarder les intérêts de l'emprunteur ou de ses créanciers, afin de pouvoir remettre la propriété intacte à qui de droit, après le solde des annuités (31 ans).

Les opérations de la Banque devront être soumises, chaque année, à une commission composée de la moitié des conseillers généraux du département, d'un membre de la représentation nationale du département et nommé par elle, du préfet et du maire du chef-lieu du département ; l'assemblée se réunira deux fois par an, 15 juin et 15 décembre.

Toutes les opérations lui seront soumises, elles seront rendues publiques sommairement.

A la réunion du mois de décembre, tous les billets à détruire le seront en présence du conseil général de la Banque, opération de laquelle il sera dressé procès-verbal. On ne devra détruire que du papier appartenant au département, afin de pouvoir le vérifier avec les souches. Chaque numéro détruit sera biffé à la souche ; le papier départemental reviendra par l'entremise de la Banque générale de Paris, où chaque succursale de département l'adressera, pour lui être réexpédié en papier du département.

—

Chaque département aura sa vignette sur son papier avec le nom du département, l'année de création et le numéro d'ordre. Chaque année il sera envoyé un livre d'étalon dans chaque chef-lieu de canton et dans chaque mairie de commune où se tiendra une foire ou un marché, et à tout agent comptable, afin que chaque citoyen puisse vérifier si le papier qu'on lui remet est bon. Il sera indiqué sur ce livre le numéro qui finit la série. Alors un numéro qui serait *double*, l'un des deux serait faux, et un qui serait au-dessus serait également faux. Le citoyen qui s'apercevrait du faux devrait se rendre chez le premier agent comptable, où il donnerait tous les renseignemens à sa connaissance, et il lui serait remis le montant en bonne valeur, après que le comptable se serait bien assuré de l'identité de l'individu. Il serait de suite donné connaissance du fait au procureur de la République.

—

Le personnel de la Banque hypothécaire serait composé de telle sorte qu'il ne puisse y avoir doute sur la régularité de ses opérations; la moitié des membres seraient nommés par le gouvernement, l'autre moitié par le conseil général, et de grade en grade. Leurs fonctions seront pour quatre ans; ils pourront être réélus.

Le cadre que j'ai tracé à cet aperçu de la Caisse hypothécaire ne me permet pas d'entrer dans de plus grands détails, mais je pense que j'en ai dit assez pour que l'homme le moins intelligent puisse me comprendre. C'est l'idée que je montre, c'est à tous ceux qui pensent, que je demande d'y apporter leur part d'idée.

—

Beaucoup de mes amis, hommes de jugement et de bon sens, que j'ai consultés, ont trouvé très bon mon système de bons hypothécaires, avec destruction progressive par les intérêts, comme présentant toutes les garanties désirables; seulement ils ne voudraient pas le cours forcé. Après avoir entendu leurs raisons, et m'être appliqué à étudier le livre de M. Wolowski, paru depuis peu de jours, j'ai trouvé qu'il y avait danger pour le commerce et protection pour l'usure à créer un papier hypothécaire sans cours forcé; ce serait donner une prime à l'agiotage, et mettre le commerçant dans la plus fausse position; car, la plupart du temps, comptant que le vendeur ou porteur d'effets voudra bien recevoir le papier-monnaie, il ne se sera pas précautionné d'espèces métalliques, et il se trouvera dans l'impossibilité de remplir ses engagemens. Je vous suppose un marchand de bœufs de Lisieux, partant pour acheter cent bœufs à la foire de Chollet, emportant dans son portefeuille le prix de son acquisition. Arrivé là, on lui refuse son papier sous n'importe quel prétexte, puisque le plus mauvais prétexte est le bon, lorsque c'est à la volonté d'un seul. S'il y a dans la ville de Chollet un banquier, me dira-t-on, il trouvera des espèces contre; j'y consens. Mais ce n'est pas encore certain; mais enfin s'il en trouve, il devra donner 1 ou 2 pour 100 de change; quand il ne donnerait qu'un, voilà un bœuf qu'il a perdu, et je ne sais pas pourquoi. Si mon papier est bon, pourquoi ne pas l'admettre comme la valeur métallique? Si le papier-monnaie n'avait pas cours forcé, il faudrait que chaque individu s'occupât chaque jour du cours du papier à la Bourse, ce qui est impossible. Heureusement pour la France, tout le monde ne s'occupe pas du tripot qui se tient rue Vivienne. Et j'avoue à ma honte que, malgré mes amis et le professeur au Conservatoire, Wolowski, je ne vois pas la dépréciation que pourrait apporter au papier le cours forcé.

Paris. — Imprimerie de Boulé, rue Coq-Héron, 5.

www.ingramcontent.com/pod-product-compliance
Ingram Content Group UK Ltd.
Pitfield, Milton Keynes, MK11 3LW, UK
UKHW020458220726
13923UKWH00006B/2633